Las casas de los animales

Colmenas

Matthew Bates
Traducido por Alberto Jiménez

PowerKiDS press.

Nueva York

Published in 2016 by The Rosen Publishing Group, Inc.
29 East 21st Street, New York, NY 10010

First Edition

Editor: Sarah Machajewski
Book Design: Mickey Harmon
Spanish Translation: Alberto Jiménez

Photo Credits: Cover, p. 1 (bees) Diane Garcia/Shutterstock.com; cover, pp. 3–4, 6, 8, 10, 12, 14, 16, 18, 20, 22–24 (honeycomb texture) LilKar/Shutterstock.com; cover, pp. 3–4, 6, 8, 10, 12, 14, 16, 18, 20, 22–24 (magnifying glass); p. 5 Danita Delimont/Gallo Images/Getty Images; p. 7 PCHT/Shutterstock.com; pp. 9 (stinger inset), 17 Photo Researchers/Science Source/ Getty Images; p. 9 (bee) jocic/Shutterstock.com; p. 9 (background) sl_photo/Shutterstock.com; p. 11 angelshot/Shutterstock.com; p. 13 Gherasim Rares/Shutterstock.com; p. 15 (inset) Anders Blomqvist/Lonely Planet Images/Getty Images; p. 15 (main) Harry Rogers/Science Source/Getty Images; p. 19 Horst Sollinger/Getty Images; p. 21 sumikophoto/Shutterstock.com; p. 22 (left bee) Protasov AN/Shutterstock.com; p. 22 (right bee) Peter Waters/Shutterstock.com.

Cataloging-in-Publication Data

Bates, Matthew.
Colmenas / Matthew Bates, translated by Alberto Jiménez.
pages cm. — (Las casa de los animales)
Includes bibliographical references and index.
ISBN 978-1-4994-0608-5 (pbk.)
ISBN 978-1-4994-0607-8 (6 pack)
ISBN 978-1-4994-0606-1 (library binding)
1. Bees—Juvenile literature. 2. Beehives—Juvenile literature. 3. Animals—Habitations—Juvenile literature. I. Title. II. Series: Inside animal homes.
QL565.2.B38 2015
595.79'9—dc23

Manufactured in the United States of America

CPSIA Compliance Information: Batch #WS15PK: For Further Information contact Rosen Publishing, New York, New York at 1-800-237-9932

Contenido

En casa de las abejas

¿Qué significa para ti la palabra "casa"? Para la gente, la casa es el lugar donde uno vive, come, duerme y se resguarda de las **condiciones** del exterior. Pues es igual para muchas criaturas que viven en la naturaleza, como las abejas.

Aunque las casas de las abejas no se parecen a las nuestras, en principio la idea es la misma. La casa de la abeja es una colmena y es un lugar seguro para vivir y crecer, y es también uno de los aspectos más interesantes de su vida. Vamos a entrar a una colmena para ver cómo es por dentro.

La colmena es importante para la **supervivencia** de las abejas.

Insectos comunes

Las abejas son insectos bastante comunes. Existen más de 25,000 especies, o clases, en el mundo. Viven en todas partes menos en la Antártida. Las más conocidas son las abejas melíferas y los abejorros.

Hay muchas clases de abejas que viven en grandes grupos llamados colonias, ¡y una sola colonia puede tener de 20,000 a 30,000 abejas! El lugar donde viven se llama colmena. Vista de afuera, la colmena no parece grande, pero las abejas saben cómo **construir** una casa donde quepan todos.

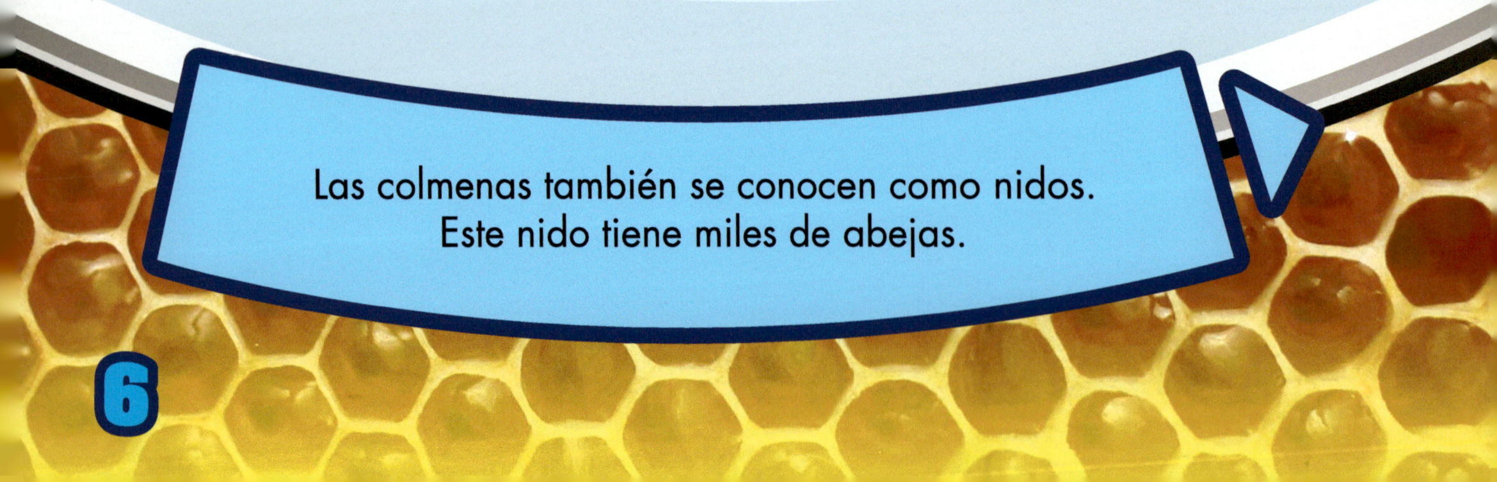

Las colmenas también se conocen como nidos. Este nido tiene miles de abejas.

El cuerpo de la abeja

Las abejas miden de 0.08 a 1.6 pulgadas (0.2 cm a 4 cm) de largo. Su cuerpo se divide en tres partes: cabeza, **tórax** y **abdomen**. Tienen seis patas, dos antenas en la cabeza y dos pares de alas.

Cada parte cumple una función importante. Los minúsculos pelos que cubren el cuerpo las ayudan a recolectar el polen, y unos órganos especiales de la boca a recoger el néctar. Las abejas llevan todo el alimento que recogen a la colmena.

Visto desde dentro

Las abejas beben néctar mediante un tubo llamado probóscide.

Las abejas son quizás más conocidas por algo desagradable: su aguijonazo. Las abejas pican cuando se sienten amenazadas o piensan que su colmena está en peligro.

¿Quién vive en la colmena?

Las abejas por lo general son insectos sociales y muy organizados. En la colmena, cada abeja realiza un trabajo específico, y de esta manera la colonia sobrevive. La reina realiza la labor más importante. Es la más grande de tamaño y la única que pone huevos.

Las abejas eligen a su reina desde que nace, alimentando a una **larva** con una sustancia especial llamada jalea real, gracias a la cual crece más que las otras y es capaz de poner huevos. Los zánganos son las abejas macho. Su único trabajo consiste en **aparearse** con la reina, pero después de hacerlo mueren.

La abeja reina tiene un abdomen más largo que las otras abejas como puedes apreciar en esta foto.

Abejas muy trabajadoras

El éxito de la colonia depende de un tercer tipo de abejas: las obreras. Y hacen honor a su nombre, porque construyen las colmenas y mantienen limpias sus diminutas habitaciones, las celdas de los panales. Cuidan de la reina y sus larvas y salen de la colmena para buscar alimento y traérselo a los demás.

Mientras recolectan néctar, lo almacenan en su "estómago **melífero**". Al regresar a la colmena, las abejas se lo comen de inmediato o lo convierten en miel y lo almacenan.

Visto desde dentro

Las obreras recolectan polen y lo transportan en una especie de cesta que tienen en las patas traseras. El polen se consume de inmediato o se almacena en la colmena.

Estas abejas obreras cuidan de las larvas de la colonia, que son las cosas blancas de apariencia pegajosa en esta foto. Las abejas nodrizas les dan de comer miel y polen hasta que crecen.

Buscar el mejor lugar

Los miles de abejas de una colonia necesitan un lugar donde vivir, y de nuevo las obreras se encargan del trabajo. Buscan estructuras que sean adecuadas para su colmena. Eligen cavidades o huecos en el interior de objetos.

Pero no se conforman con una cavidad cualquiera. Esta debe tener una capacidad de por lo menos 6.5 galones (24.6 l), y la entrada no debe medir más de 1.5 pulgadas (3.8 cm) de ancho. Además debe estar en alto, para protegerse de los depredadores.

Visto desde dentro

Los apicultores son las personas que crían y cuidan abejas. Ellos construyen las viviendas para que las abejas puedan vivir. Estas suelen ser cajas de madera cerradas, con aberturas estrechas, como tienen sus colmenas en la naturaleza.

En la naturaleza, por lo general las abejas construyen sus nidos dentro de troncos **huecos**, cuevas y en las grietas de grandes rocas.

Una abeja a la entrada de su nido, un pequeño orificio que conduce al interior del árbol.

Cómo se construye

Las abejas empiezan a trabajar en cuanto encuentran el lugar adecuado para la colmena. En primer lugar raspan las paredes de la entrada y de la cavidad. Por ejemplo, en el hueco de un árbol, raspan la madera a fin de suavizar la superficie.

Después cubren el interior con una sustancia llamada propóleo, una resina pegajosa procedente de los árboles, con la que sellan las grietas de su casa.

Visto desde dentro

El propóleo también sirve para proteger el panal de enfermedades o infecciones.

Uno de los primeros pasos en la **construcción** de una colmena es aplicar el propóleo, como se ve en esta imagen.

Construir panales

El siguiente paso en la construcción de la colmena es hacer los panales. Las abejas obreras producen cera en el interior de sus cuerpos. Cuando la cera sale de su abdomen, la moldean en celdas de seis lados que pegan al techo y a las paredes de la colmena, y empiezan de arriba abajo.

Cada panal se compone de dos **capas** de celdas de seis lados, o celdas hexagonales. Las celdas sirven para almacenar miel y polen. Los panales también contienen las celdas donde se crían las larvas.

Visto desde dentro

Una colmena natural tiene unas 100,000 celdas. Para hacerla, las abejas utilizan aproximadamente 2.5 libras (1.1 kg) de cera.

Las celdas tienen forma de hexágonos. De esta forma encajan perfectamente sin dejar espacio y así utilizan menos cera para las paredes.

Sobrevivir el invierno

En verano es usual ver abejas, pero en invierno se quedan dentro de la colmena. A diferencia de otras criaturas, las abejas no hibernan, es decir no duermen durante todo el invierno.

¿Cómo sobreviven durante el invierno? Se alimentan con las reservas de miel y polen, y para protegerse del frío sellan los agujeros de la colmena y se amontonan en un grupo compacto. Además, conservan el calor batiendo las alas. En el interior de una colmena debe haber al menos 50 grados Fahrenheit (10 grados Celsius). Si no, las abejas mueren.

Las abejas pasan todo el verano recogiendo néctar y polen. Deben almacenar suficiente comida para alimentar a la colonia durante todo un invierno.

Las abejas son importantes

El trabajo de las abejas no solo beneficia a su colonia, sino también a las personas. Las abejas esparcen polen entre las flores mientras vuelan, lo que nos ayuda a cultivar las plantas que nos sirven de alimento, o sea, que las necesitamos para vivir.

Sin embargo, las abejas en el mundo entero están pereciendo, posiblemente debido a los **productos químicos** con que los agricultores rocían las plantas. Las abejas llevan estas sustancias hasta la colmena y perjudican a toda la colonia. Es nuestra responsabilidad proteger a estas increíbles criaturas y sus colmenas utilizando productos químicos no dañinos.

Glosario

abdomen: Parte del cuerpo de un insecto que contiene el estómago.

aparearse: Juntarse para tener crías.

capa: Parte de poco grosor que queda encima o debajo de otra.

condición: Estado de algo.

construcción: Acción de construir, y también la propia obra construida.

construir: Edificar algo.

hueco: Vacío en el interior de algo.

larva: Insecto en estado de desarrollo con forma parecida a un gusano.

melífero: Que lleva o tiene miel.

producto químico: Uno o más compuestos químicos que cumplen una determinada función.

supervivencia: Seguir viviendo a pesar de los peligros.

tórax: Parte del cuerpo que contiene el corazón y los pulmones.

Índice

Sitios de Internet

Debido a que los enlaces de Internet cambian a menudo, PowerKids Press ha creado una lista de los sitios Internet que tratan sobre el tema de este libro. Este sitio se actualiza con regularidad. Por favor, usa este enlace para ver la lista:
www.powerkidslinks.com/home/bees